Inhalt

Bahnverkehr - Liberalisierung, Technik und Bauvorhaben machen Ärger

Kernthesen

Beitrag

Fallbeispiele

Zahlen und Fakten

Weiterführende Literatur

Impressum

Bahnverkehr - Liberalisierung, Technik und Bauvorhaben machen Ärger

I. Zeilhofer-Ficker

Kernthesen

- Im Regional-Schienenverkehr hält die Deutsche Bahn immer noch mehr als drei Viertel des deutschen Marktes, im Fernverkehr gibt es so gut wie noch gar keine Konkurrenz für die DB.
- Die EU fordert eine striktere Trennung von Infrastruktur und Transport und verlangt demzufolge eine umgehende Privatisierung der bahneigenen Transportbetriebe.
- Weitere Probleme machen der Bahn fabrikneue Züge, die mangels Zulassung

des EBA noch nicht eingesetzt werden können.
- Auch die Infrastruktur (Gleisanlagen und Bahnhöfe) muss dringend ausgebaut werden, allerdings reicht das Geld trotz Rekordgewinnen vorne und hinten nicht.
- Zumindest ist das Thema Stuttgart 21 nach dem Volksentscheid endlich vom Tisch und die Bauarbeiten können nun mit Hochdruck vorangebracht werden.

Beitrag

2011 soll Rekordjahr werden

Der Bahnverkehr ist ein wichtiger Wirtschaftsfaktor in Europa. Im Jahr 2009 wurden auf Europas Schienenwegen 405 Millionen Passagier-Kilometer zurückgelegt und 72 Milliarden Euro Umsatz erzielt. 790 000 Menschen verdanken ihren Arbeitsplatz dem Bahnsektor. (1)

Die Deutsche Bahn freut sich im laufenden Jahr über Rekordzahlen. Man rechnet mit einem Umsatz von rund 38 Milliarden Euro bis zum Jahresende, zwei Milliarden Euro Vorsteuergewinn sollen deutlich übertroffen werden. Auch die Fahrgastzahlen stiegen beträchtlich: bis zur Jahresmitte wurden knapp 973 Millionen Fahrgäste in den Zügen der Deutschen Bahn befördert, bis Jahresende könnte die Zwei-Milliarden-Marke weit übertroffen werden. Erstmals konnte in 2011 eine Dividende von 500 Millionen Euro an den Bund ausgezahlt werden. Allerdings stammten die Umsatz- und Gewinnzuwächse größtenteils aus dem Güterverkehr - im Personenverkehr sind nur geringe Steigerungen erkennbar. Vor allem der Fernverkehr leidet unter Verspätungen und technischen Schwierigkeiten und kann sein schlechtes Image nicht ablegen. Zudem drückt die Konkurrenz der Billigflieger die Preise, zum Normalpreis kann kaum noch eine Bahnfahrkarte verkauft werden. (2)

Auch die zum 11. Dezember 2011 in Kraft getretene Preiserhöhung um durchschnittlich 3,9 Prozent im Fernverkehr und 2,7 Prozent im Nahbereich macht der Bahn sicher keine neuen Freunde. Denn wer versteht schon, dass für Fahrten in unpünktlichen, alten und teilweise schmutzigen Zügen nun auch noch mehr Geld bezahlt werden muss, wenn die Bahn fast gleichzeitig Rekordgewinne vermeldet. Mit steigenden Kosten für Personal und Energie wird die Erhöhung begründet, außerdem auf den Schuldenberg von 17 Milliarden Euro verwiesen. Zudem sei der Investitionsbedarf in neue Infrastruktur hoch. (2), (3)

Investitionen dringend erforderlich

Laut vertraglicher Verpflichtung muss die Bahn dafür sorgen, dass das deutsche Schienennetz und die sonstigen Infrastrukturanlagen in einem uneingeschränkt nutzbaren Zustand erhalten bleiben. Ein Großteil der Kosten wird vom Bund getragen (2,5 Milliarden Euro), die Bahn hat einen Eigenanteil von 1,5 Milliarden Euro zu tragen. Damit werden Wartung und Reparatur sowie Erhaltungs- und Modernisierungsmaßnahmen finanziert. Darüber hinaus hat der Bund verschiedenste Ausbaumaßnahmen der Bahninfrastruktur beschlossen. Dafür sind in den nächsten 15 Jahren zusätzliche 30 Milliarden Euro erforderlich. Von diesen umgerechnet zwei Milliarden Euro pro Jahr sind aber momentan nur 1,4 Milliarden Euro gesichert. Daraus ist zu schließen, dass der Ausbau entweder langsamer vorangehen wird oder bestimmte Projekte ganz abgesagt werden müssen. Einige Bundesländer haben bereits die Initiative ergriffen und kleinere Vorhaben selbst in Angriff genommen. Die Investitionen dafür haben die Bundesländer dann allerdings ebenfalls selbst zu tragen. [4], [5]

Unter anderem ist die Ausrüstung von vier europäischen Hauptkorridoren durch Deutschland mit dem Sicherheits- und Leitsystem ETCS erst einmal zurückgestellt worden. 4,5 Milliarden Euro wären für das europaweit einheitliche System erforderlich, das unter anderem bei Sicherheitsproblemen dafür sorgt, dass Züge selbsttätig abgebremst werden. Billigere On-Board-Units sollen ETCS vorerst ersetzen. (6)

Ein anderes Europa-Projekt, der Nord-Süd-Korridor mit dem Brenner-Basis-Tunnel, soll dagegen nun endlich auch von deutscher Seite her angegangen werden. Denn es fehlt ein entsprechender Bahn-Zulauf von München nach Kiefersfelden, obwohl in Österreich und Italien bereits die Arbeiten am Tunnel laufen. Für Januar 2012 ist nun endlich ein Termin zur Vertragsunterzeichnung zwischen Deutschland und Österreich geplant. Danach sollen Planung und Bau des Korridors München - Rosenheim - Kiefersfelden zügig in Angriff genommen werden. (8)

Wenigstens scheint der Aufreger des Jahres - Stuttgart 21 - nun endlich vom Tisch zu sein. Nach massiven Bürgerprotesten und einem gescheiterten Schlichtungsverfahren stoppte die Bahn alle Arbeiten, um weiterem Ärger aus dem Weg zu gehen. Nachdem der kürzlich abgehaltene Volksentscheid aber eine mehrheitliche Zustimmung zum Neubau des unterirdischen Bahnhofs in Stuttgart sowie der dazu notwendigen Gleis- und Tunnelbauten ergeben hat, kann das 4,5-Milliarden-Euro-Prestigeobjekt nun weiter gebaut werden. Die neue Landesregierung will dem Projekt nicht mehr entgegenstehen, hat aber eine rigorose Kostendeckelung bei 4,5 Milliarden Euro verlangt. Die Bahnchefs haben postwendend darauf hingewiesen, dass das Land seine vertraglichen Verpflichtungen einzuhalten habe. Denn bei einer Bauzeit von rund zehn Jahren könne eine Erhöhung beispielsweise der Rohstoffpreise nicht kategorisch ausgeschlossen werden. Es ist zu erwarten, dass man noch des Öfteren von Stuttgart 21 hören wird. (7)

Fabrikneue Züge auf dem Abstellgleis und der Winter steht vor der Tür

Technische Probleme machten in der Vergangenheit immer wieder Negativschlagzeilen. Schlecht funktionierende Bremsen, brechende Achsen, ausfallende Heizungs- und Klimaanlagen speziell in extremen Wettersituationen festigten das miserable Image der Bahn bei Kunden und potenziellen Kunden. Die Bahn-Lieferanten haben offensichtlich eine lange Tradition, den Anforderungen der deutschen Bahn oder des Eisenbahn-Bundesamts (EBA) als zulassende Behörde nicht zu genügen. Seit über einem Jahr standen rund hundert fabrikneue Talent-2-Züge von Bombardier auf Abstellgleisen bei

Berlin, weil das EBA die Zulassung verweigert hatte, da einige Sicherheitsnachweise fehlten. Erst im November 2011 konnte diese Zulassung nun endlich erteilt werden. Ab Dezember sollen die ersten dieser Züge im Raum Nürnberg zum Einsatz kommen. Die ebenfalls dringend benötigten 15 ICEs des Siemens-Typs Velaro werden die EBA-Zulassung nach letzten Meldungen wohl erst im Sommer 2012 erhalten. Auch mit diesen Zügen hatte die Bahn eigentlich schon 2011 gerechnet. (9)

Vor allem im störanfälligen Winterbetrieb fehlen diese neuen Züge natürlich besonders. Für den Winter 2011/2012 stellte die Bahn nun 70 Millionen Euro zusätzlich zur Verfügung, um Zugausfälle und Verspätungen zu vermeiden. 16 000 Mitarbeiter wurden eingestellt, die Schnee räumen und Weichen enteisen sollen. 27 neue Abtauanlagen wurden angeschafft, wichtige Weichenanlagen mit Heizsystemen versehen. Ganz störungsfrei wird der Winterbetrieb wohl trotzdem nicht bleiben. (10)

Zumindest können sich die Fahrgäste seit September darüber informieren, wie unpünktlich die Bahn tatsächlich ist. Auf einer Internetseite ist nachzulesen, wie es mit der Pünktlichkeit im Nah- und Fernverkehr bestellt ist. Insgesamt weist diese Statistik eine Gesamtpünktlichkeit von 93 Prozent aus, wobei dieser Wert hauptsächlich im Nahverkehr erreicht wurde. Ein Fünftel aller Fernzüge dagegen kommt im Durchschnitt um mehr als sechs Minuten verspätet an. Vom Zielwert 85 Prozent ist die Bahn damit noch weit entfernt. (11)

Bahn-Liberalisierung: Der Wettbewerb für die Deutsche Bahn wird stärker

Seit rund zehn Jahren gibt es die EU-Richtlinie, die es theoretisch allen Wettbewerbern in allen EU-Ländern erlaubt, Bahnstrecken im Personen- oder Güterverkehr zu bedienen. Die Nutzung der entsprechenden Infrastruktur muss ermöglicht werden. In Deutschland ist die Liberalisierung des Eisenbahnverkehrs im Vergleich zu anderen Ländern weit fortgeschritten. Im Schienenpersonen-Nahverkehr ist der Anteil von Wettbewerbern zur Deutschen Bahn von etwa zehn Prozent im Jahr 2003 auf über 24 Prozent in 2011 angewachsen. Dadurch musste die DB immerhin fast zwei Milliarden Euro Umsatzanteil an Wettbewerber abgeben. Doch damit nicht genug. Die DB rechnet damit, weitere fünf Prozent in den nächsten Jahren zu verlieren und möchte langfristig rund 70 Prozent Marktanteil am heimischen Bahngeschäft halten. (12), (13), [Abb. 2]

Als größter Konkurrent zur DB ist die französische Veolia in Deutschland unterwegs. Auch die aus der

Arriva-Deutschland hervorgegangene Netinera, die Benex, die Albtal-Verkehrs-Gesellschaft und die SNCF-Tochter Keolis konnten in den vergangenen Jahren nennenswerte Anteile am deutschen Schienennahverkehrsmarkt gewinnen. In den kommenden fünf Jahren werden zusätzlich Verkehrsverträge für 350 Millionen Zugkilometer neu vergeben werden. Es ist zu erwarten, dass die etwa 50 Wettbewerber der DB versuchen, sich ein großes Stück von diesem Kuchen abzuschneiden. Die Veolia hat beispielsweise bereits Interesse an einigen S-Bahn-Strecken im Raum München bekundet. (13), [Abb. 1]

Den EU-Verkehrspolitikern reicht dies aber nicht aus. Sie sehen in der momentanen Konstruktion der Deutschen Bahn mit ihrer Verantwortung sowohl für die Infrastruktur als auch für einen Großteil des Fahrbetriebs eine Benachteiligung des Wettbewerbs und verlangen eine strikte Trennung von Schiene und Transport. Da eine Zerschlagung der DB-Holding aber Kosten von vielen Milliarden verursachen würde, wehren sich die Bundespolitiker, vor allem der Verkehrsminister, strickt gegen diese Forderung. Ob das momentane Konstrukt auf Dauer allerdings erhalten bleiben kann, ist fraglich. Raten doch selbst deutsche Verkehrsexperten zur Trennung von Infrastruktur und Transport, um dem Wettbewerb mehr Entwicklungspotenzial zu eröffnen. Alle

Transportgesellschaften sollten privatisiert werden, so der Vorschlag der Regierungsberater. (14), (15)

Das Verkehrsministerium kontert dagegen mit einer Neufassung des Eisenbahnregulierungsgesetzes. Der Vorschlag bezieht eine künftige Genehmigung der Nutzungspreise für Schienen und Infrastruktur durch die Bundesnetzagentur vor. Dadurch soll verhindert werden, dass die DB mit besseren Preisen arbeiten kann als ihre Wettbewerber. Ende 2012/Anfang 2013 soll das Gesetz in Kraft treten können. (16)

Trends

Die technischen Probleme haben der Bahn in der Vergangenheit nicht nur ihre Pünktlichkeitsstatistik verhagelt sondern auch hohe Kosten verursacht und Kunden vergrault. Deshalb wurde diesem Problem höchste Priorität eingeräumt. Damit auch künftig nicht fabrikfertige Züge auf Abstellgleisen über Monate hinweg auf die EBA-Zulassung warten müssen wurde von allen Beteiligten zusammen das Handbuch Eisenbahnfahrzeuge entwickelt. Darin sind Regeln für Ausschreibungen, Zulassung und Gewährleistung niedergelegt. Die Hersteller von Schienenfahrzeugen werden dadurch zwar stärker in die Pflicht genommen, sollten qualitative Mängel auftreten. Sie erhalten dafür aber Planungssicherheit. Das heißt, die Normen, die zum Zeitpunkt der

Zulassungsbeantragung gelten, bleiben von da an für mindestens sieben Jahre festgeschrieben. Ein Novum in der Branche, die sich damit herumschlagen musste, dass sich im Laufe des Zulassungsprozesses immer wieder neue Anforderungen ergeben hatten. Leider hat das EBA das Handbuch Eisenbahnfahrzeuge in seinen Prozessen noch nicht umgesetzt. (17)

Fallbeispiele

Diversifikation der Lieferkanäle

Eine neue Strategie der Bahn wurde im Dezember bekannt gegeben. Bis zu 400 Regionalzüge - mit einem Auftragswert von zwei Milliarden Euro - wurden bei drei Anbietern gleichzeitig über Rahmenverträge bestellt. Damit sichert sich die Bahn alternative Lieferkanäle und kann gleichzeitig bei eventuellen Qualitätsmängeln des einen Lieferanten problemlos auf einen zuverlässigeren ausweichen. Drei auf dem deutschen Markt bisher relativ unbedeutende Hersteller haben im Zuge dessen von der DB Rahmenverträge hierfür erhalten: die deutsche Tochter des Alstom-Konzerns, die Construcciones y Auxiliar de Ferrocarriles (CAF) und die Stadler Pankow GmbH stehen damit in nachgelagertem

Wettbewerb zueinander. Bewusst hat die Bahn auf die bisherigen Hauptlieferanten Siemens und Bombardier verzichtet, da diese für viele Qualitätsprobleme und Zulassungsverzögerungen verantwortlich gemacht werden. (9), (18)

Bahnkonkurrent Veolia trennt sich von Verkehrssparte

Der französische Mischkonzern Veolia, der größte Konkurrent der Deutschen Bahn, will seine Verkehrssparte komplett ausgliedern und in Paris an die Börse bringen. Betroffen sind auch einige Verkehrsunternehmen in Deutschland wie die Bayerische Oberlandbahn, Interconnex in Ostdeutschland sowie Fernbusse. In Deutschland betreibt Veolia im Schienennahverkehr die zweitgrößte Fahrzeugflotte und transportiert im Jahr rund 185 Millionen Passagiere. Die deutschen Verkehrsbetriebe, die in der vor etwa zwei Jahren gegründeten Verkehrssparte Veolia Transdev aufgegangen sind, erwirtschafteten 2010 einen Umsatz von etwa 600 Millionen Euro. (19)

Zahlen & Fakten

Abbildung 1: Top Wettbewerber von DB Regio nach Marktanteil in Prozent

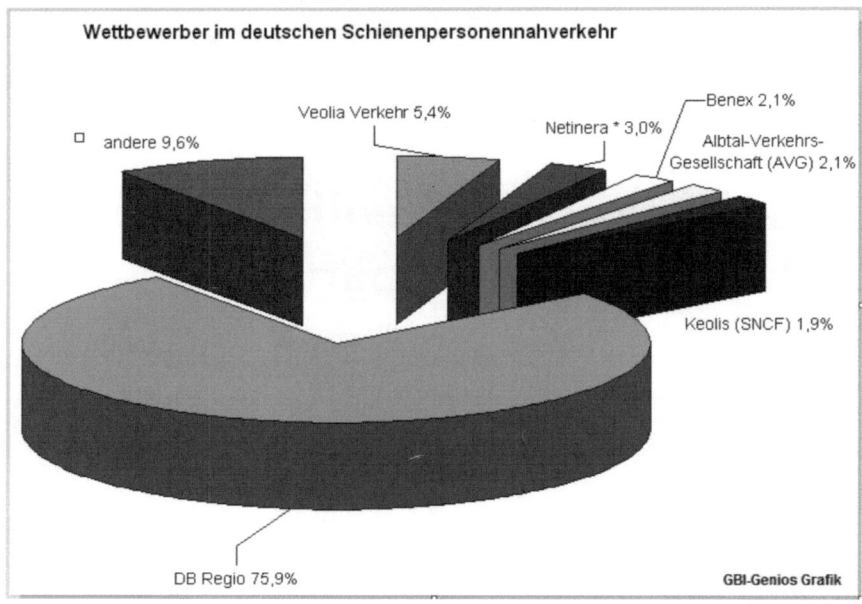

Quelle: BAG-SPNV, Deutsche Bahn entnommen aus Handelsblatt, 29.06.2011, S. 22

Abbildung 2: DB Regio Wettbewerber-Marktanteil im Schienenpersonennahverkehr von 2003 bis 2013

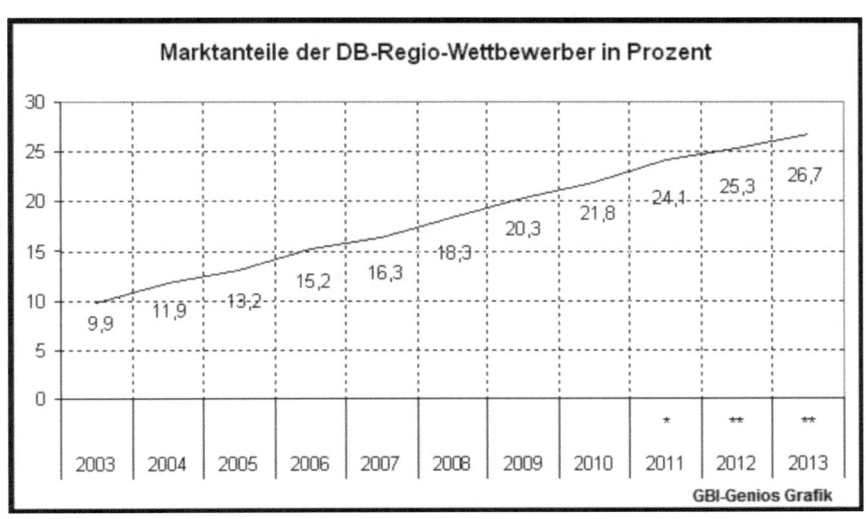

Weiterführende Literatur

(1) Kommission sucht Dialog mit Bahn
aus Verkehrs Rundschau, Heft 44/2011, S. 18

(2) Deutsche Bahn mit Umsatzrekord im ersten Halbjahr - Bahnchef Grube: Ab September Pünktlichkeitswerte der Züge im Internet
aus Verkehrs Rundschau, Heft 44/2011, S. 18

(3) Zugtickets werden teurer - trotz hoher Gewinne
aus Süddeutsche Zeitung, 14.10.2011, Ausgabe Bayern, München, Deutschland, S. 1

(4) Mehr Störungen im DB-Netz
aus DVZ, Nr. 89 vom 26.07.2011

(5) »Dass die Deutsche Bahn Kapitalströme aus dem

Netz zieht, ist Blödsinn«
aus DVZ, Nr. 137 vom 15.11.2011

(6) Bund brüskiert Europas Bahnindustrie Regierung streicht 4,5 Mrd. Euro für Hightech-Signale // Siemens, Alstom und Bombardier betroffen
aus Financial Times Deutschland vom 18.07.2011, Seite 3

(7) Jetzt rechnen die Schwaben
aus Frankfurter Rundschau vom 29.11.2011, Seite 2

(8) Bayerische Löcher im europäischen Verkehrsnetz
aus SZ Regionalausgabe, 20.10.2011, Ausgabe München City

(9) Deutsche Bahn weiter im Clinch mit den Herstellern
aus Frankfurter Allgemeine Zeitung, 04.11.2011, Nr. 257, S. 18

(10) Deutsche Bahn rüstet sich für den Winter
aus Frankfurter Allgemeine Zeitung, 04.11.2011, Nr. 257, S. 18

(11) Jeder fünfte Fernzug kommt zu spät
aus DIE WELT, 21.09.2011, Nr. 221, S. 11

(12) Deutsche Tochter enttäuscht SNCF Pariser Bahnkonzern erwartet höhere Marktanteile von Keolis // Französischer Regionalmarkt vor Öffnung
aus Financial Times Deutschland vom 26.09.2011, Seite 4

(13) Zug um Zug mehr Wettbewerb
aus Süddeutsche Zeitung, 05.09.2011, Ausgabe München, Bayern, Deutschland, S. 23

(14) Warum Brüssel die Deutsche Bahn zerschlagen will
aus Sächsische Zeitung vom 23.11.2011 Seite 20

(15) Zu wenig Wettbewerb auf der Schiene
aus Verkehrs Rundschau, Heft 39/2011, S. 18

(16) Die Bahn muss die Kosten für ihr Netz offenlegen
aus Frankfurter Allgemeine Zeitung, 22.11.2011, Nr. 272, S. 12

(17) Schlummernde Talente
aus Süddeutsche Zeitung, 12.10.2011, Ausgabe München, Bayern, Deutschland, S. 20

(18) Milliardendeal: Bahn kauft 400 neue Züge
aus DIE WELT, 06.12.2011, Nr. 285, S. 11

(19) Bahn-Konkurrent geht an die Börse
aus Süddeutsche Zeitung, 07.12.2011, Ausgabe München, Bayern, Deutschland, S. 22

Impressum

Bahnverkehr - Liberalisierung, Technik und Bauvorhaben machen Ärger

Bibliografische Information der deutschen Nationalbibliothek

Die Deutsche Nationalbibliothek verzeichnet diese Publikation in der deutschen Nationalbibliografie; detaillierte bibliografische Daten sind im Internet über http://dnb.d-nb.de abrufbar.

ISBN: 978-3-7379-2994-3

© 2015 GBI-Genios Deutsche Wirtschaftsdatenbank GmbH, Freischützstraße 96, 81927 München, www.genios.de

Alle Rechte vorbehalten. Dieses Werk ist einschließlich aller seiner Teile – z.B. Texte, Tabellen und Grafiken - urheberrechtlich geschützt. Jede Verwertung außerhalb der Grenzen des Urheberrechtsgesetzes bedarf der vorherigen Zustimmung des Verlags. Dies gilt insbesondere auch für auszugsweise Nachdrucke, fotomechanische

Vervielfältigungen (Fotokopie/Mikroskopie), Übersetzungen, Auswertungen durch Datenbanken oder ähnliche Einrichtungen und die Einspeicherung und Verarbeitung in elektronischen Systemen.